La maison
Дом

Dictionnaire d'images bilingue pour enfants

Français-Biélorusse

Richard Carlson

The author would like to thank the translators for their contribution.

La porte

дзверы

La fenêtre

акно

Le canapé

канапа

La table basse
столік

Le tapis

кілімок

Le salon
гасцёўня

Le rideau

штора

La pendule

гадзіннік

Le tableau

карціна

Le fauteuil

крэсла

La lampe

лямпа

Les placards

шафкі

Les fleurs

кветкі

La chaise

крэсла

La table

стол

La salle à manger

сталовая

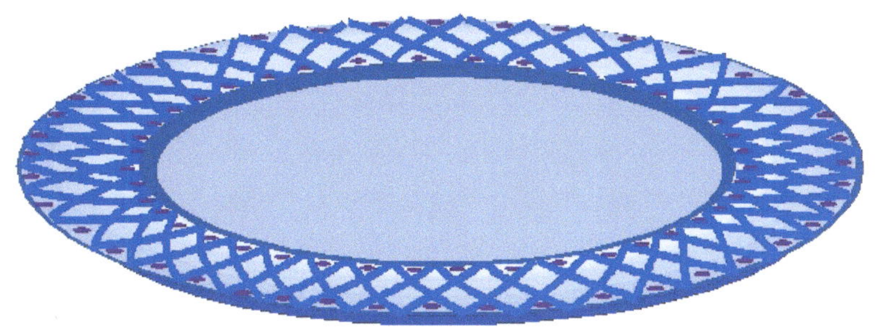

L'assiette

талерка

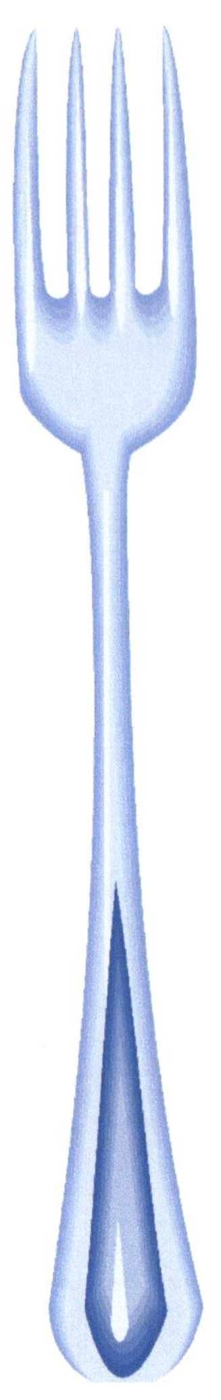

La fourchette

відэлец

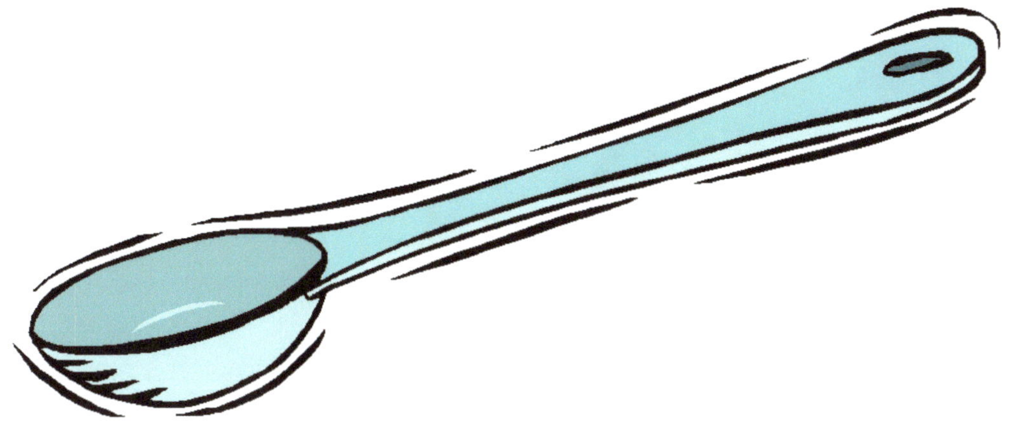

La cuillère

лыжка

Le couteau

нож

Le verre

шклянка

La tasse
кубак

La cuisine
кухня

Le four
пліта

Le réfrigérateur

халадзільнік

L'évier

ракавіна

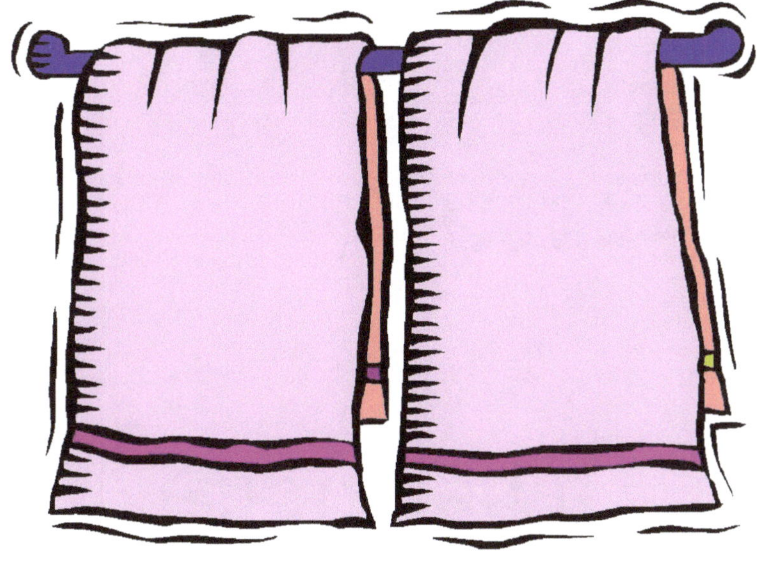

La serviette

ручнік

La baignoire
ванна

La douche
душ

La bibliothèque

кніжная паліца

Le lit

ложак

La commode

трумо

La chambre
спальня

Le placard
камора

Le berceau

калыска

La radio

радыё

Le four à micro-ondes

мікрахвалевая печ

La poubelle

смеццевы бак

Apprenez des choses dans un dictionnaire d'images illustrant la maison.

À propos de l'auteur : Richard Carlson est auteur de livres bilingues pour enfants.
www.richardcarlson.com